SOLO 1

SOLO 2

SOLO 3

SOLO 4

SOLO 5

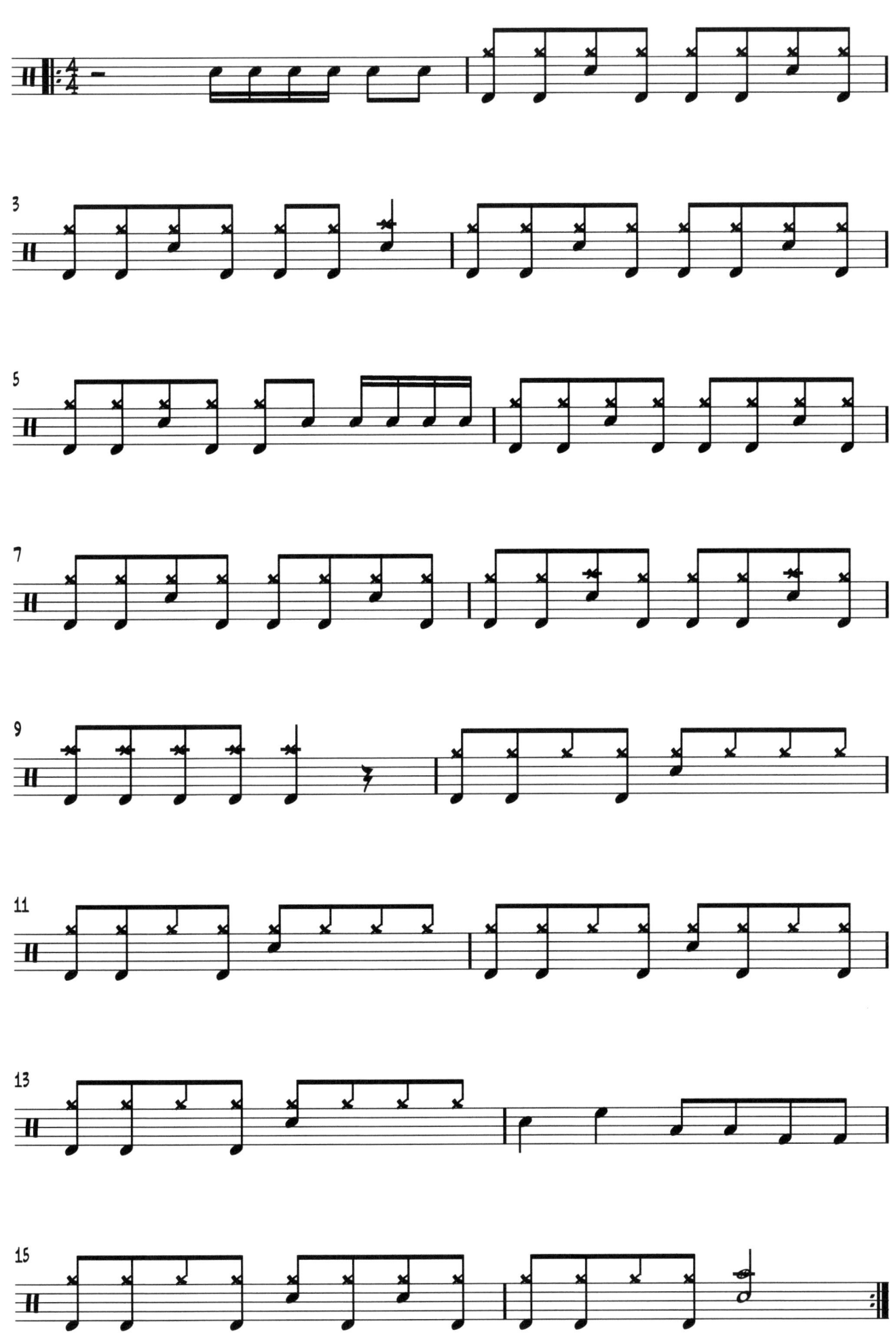

SOLO 6

SOLO 7

SOLO 8

SOLO 9

SOLO 10

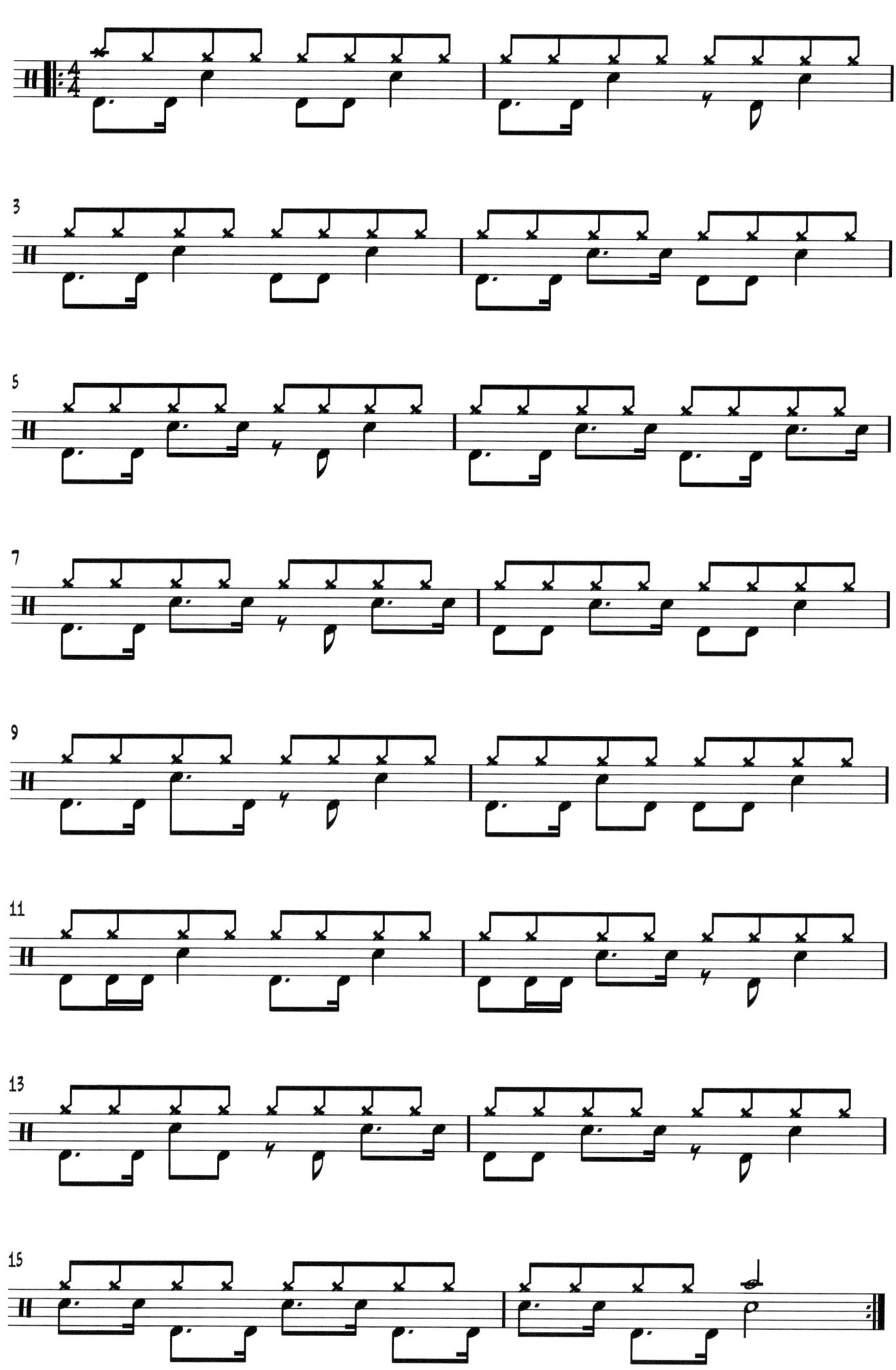

SOLO 11

SOLO 12

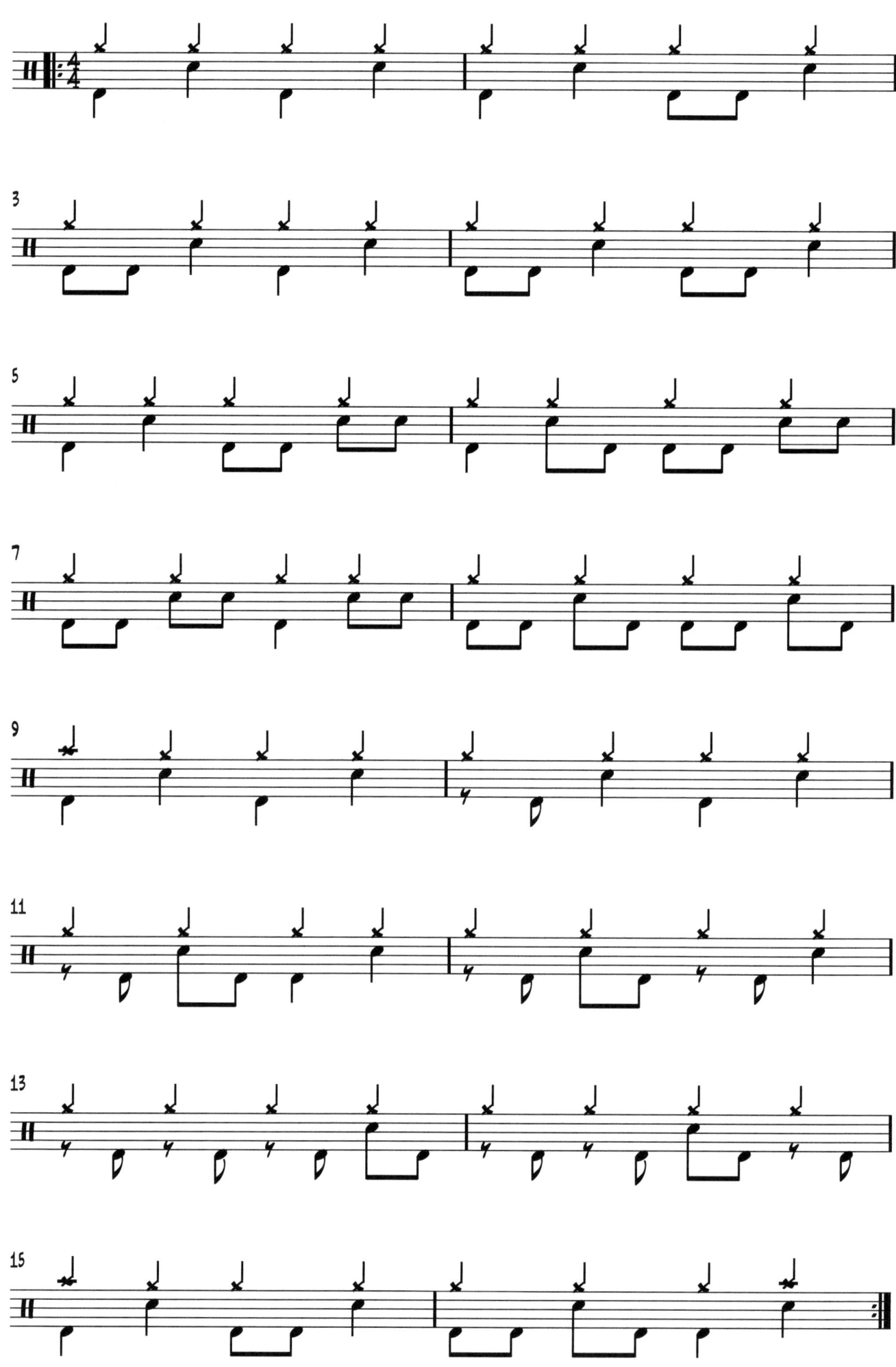

SOLO 13

SOLO 14

SOLO 15

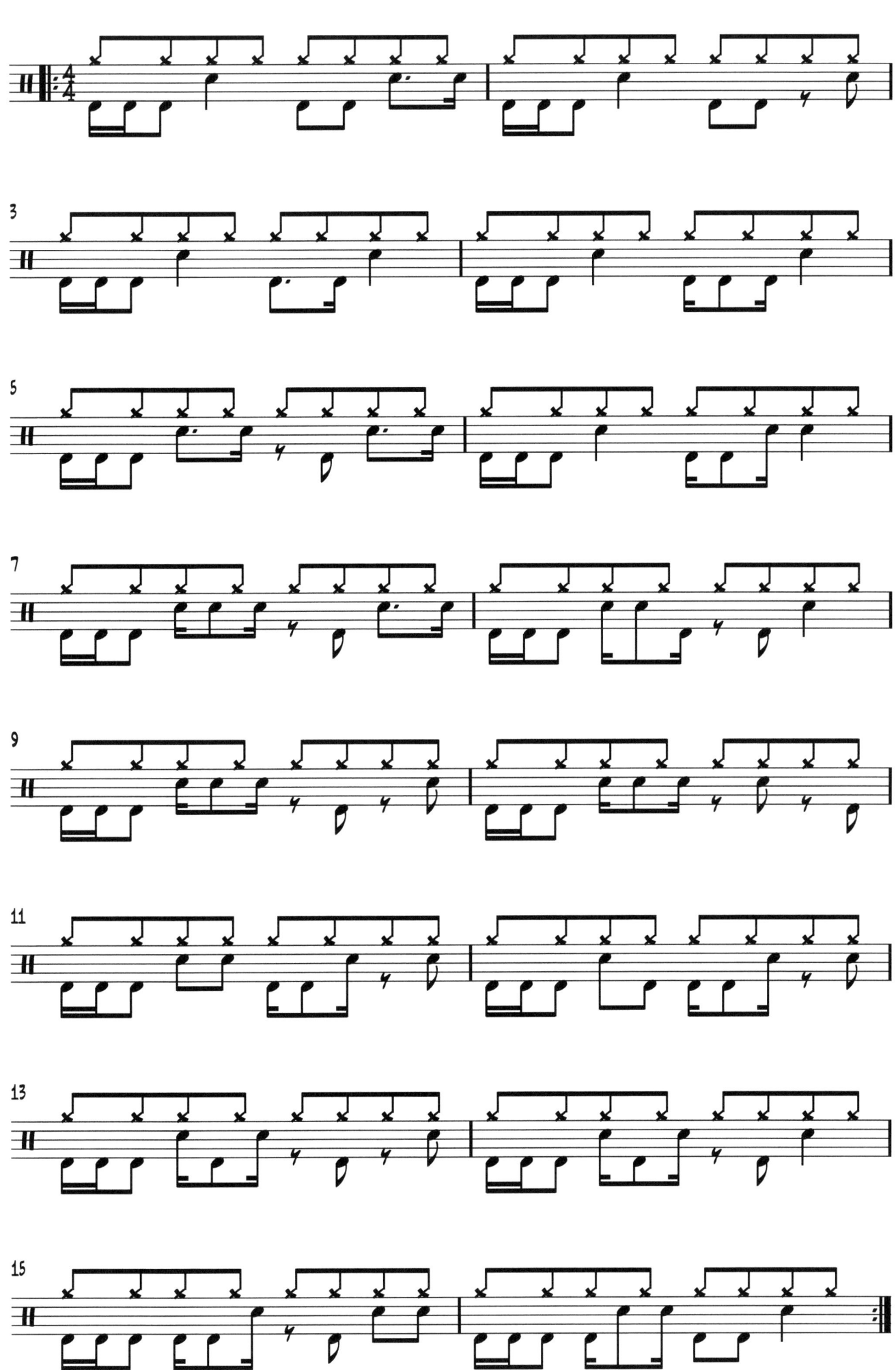

SOLO 16

SOLO 17

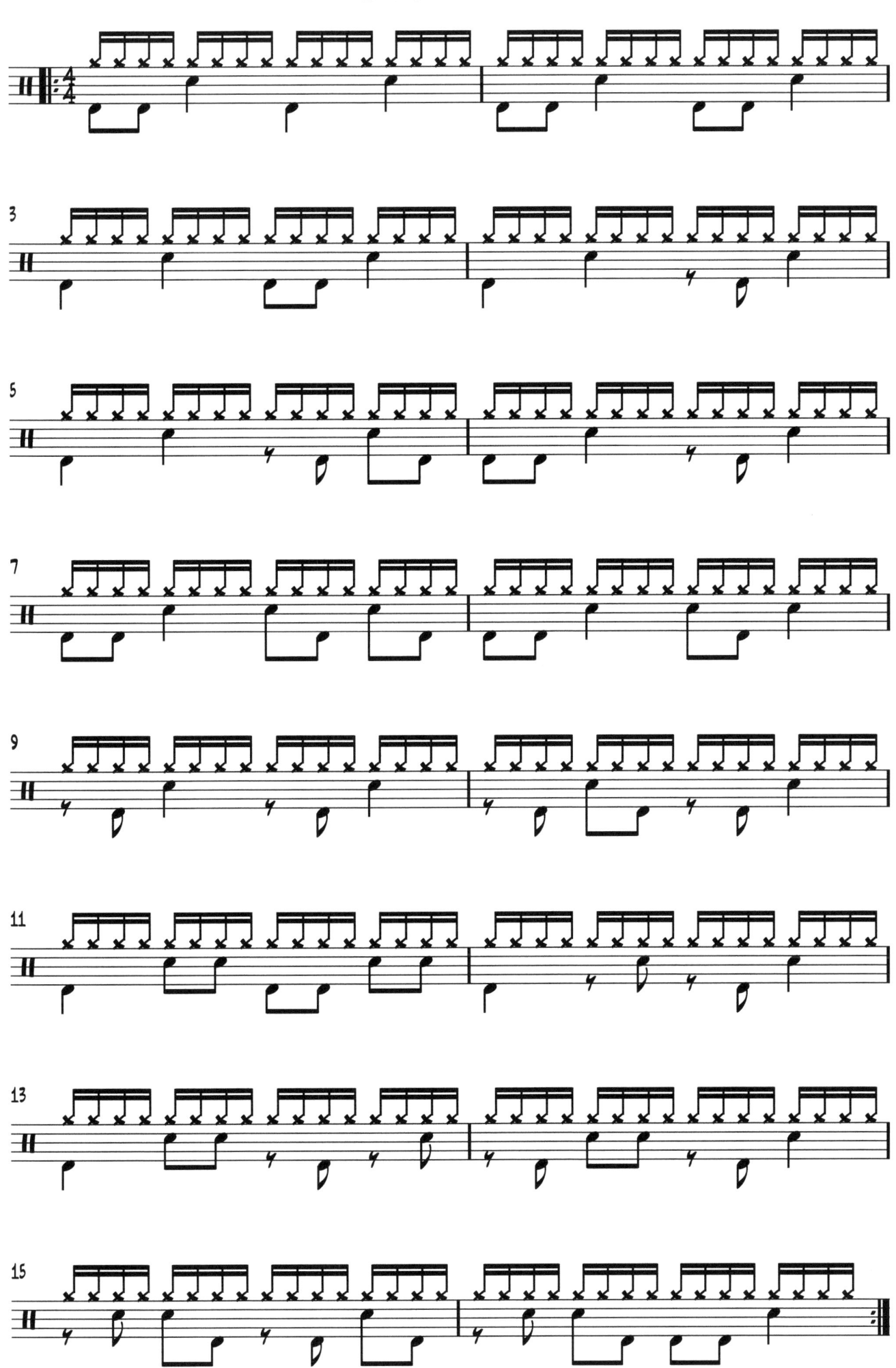

SOLO 18

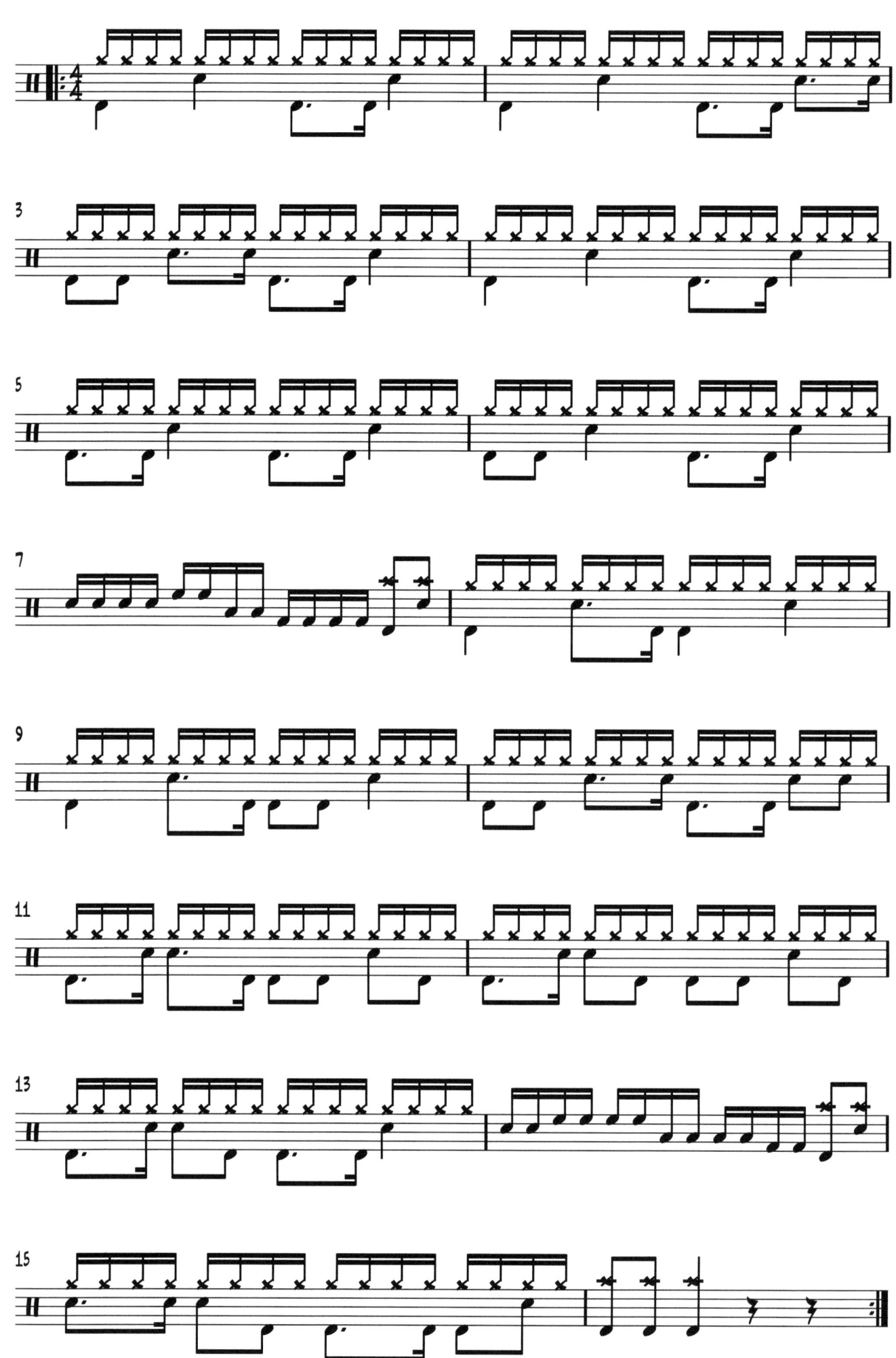

SOLO 19

SOLO 20

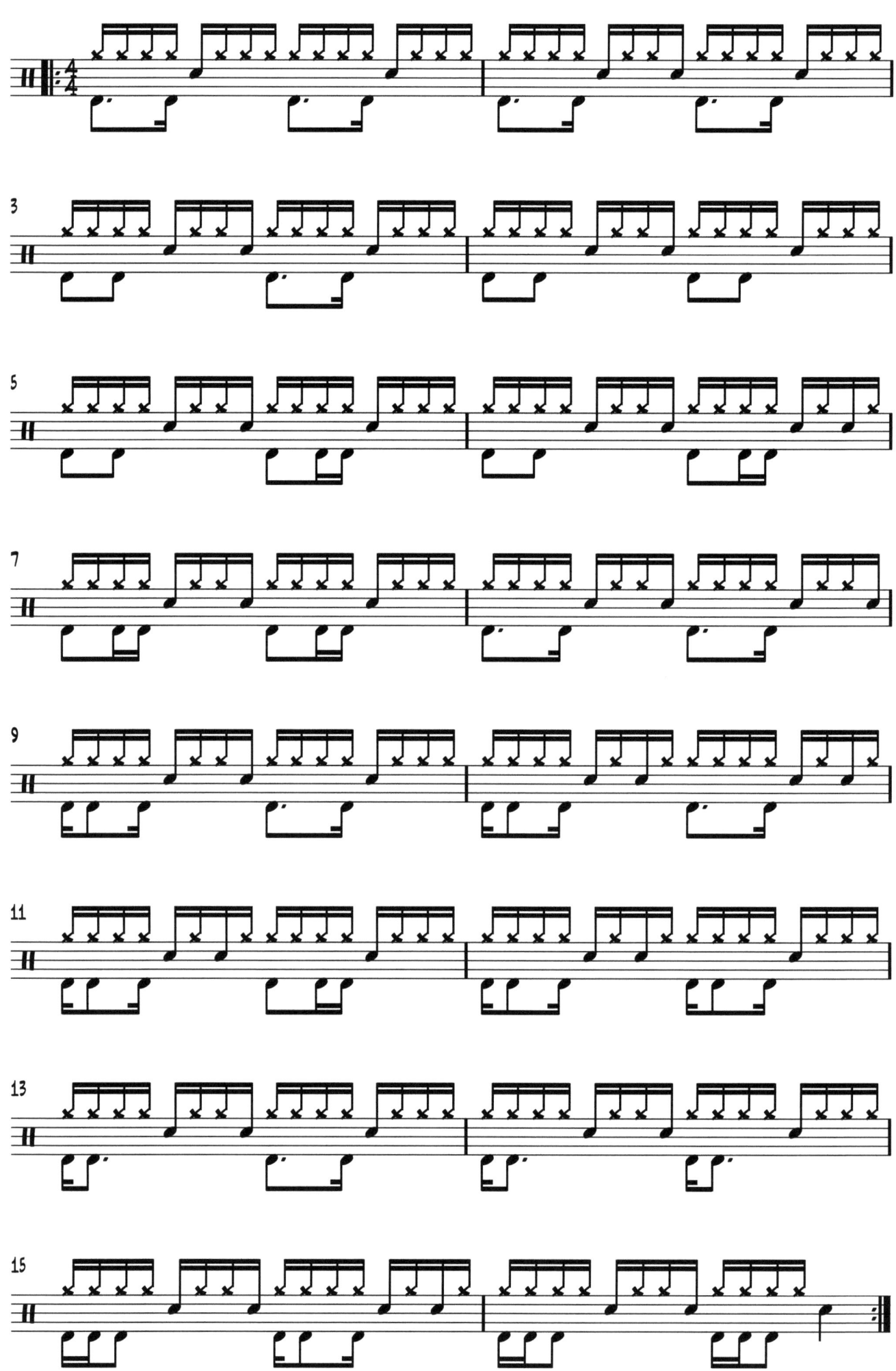

SOLO 21

SOLO 22

SOLO 23

SOLO 24

SOLO 25

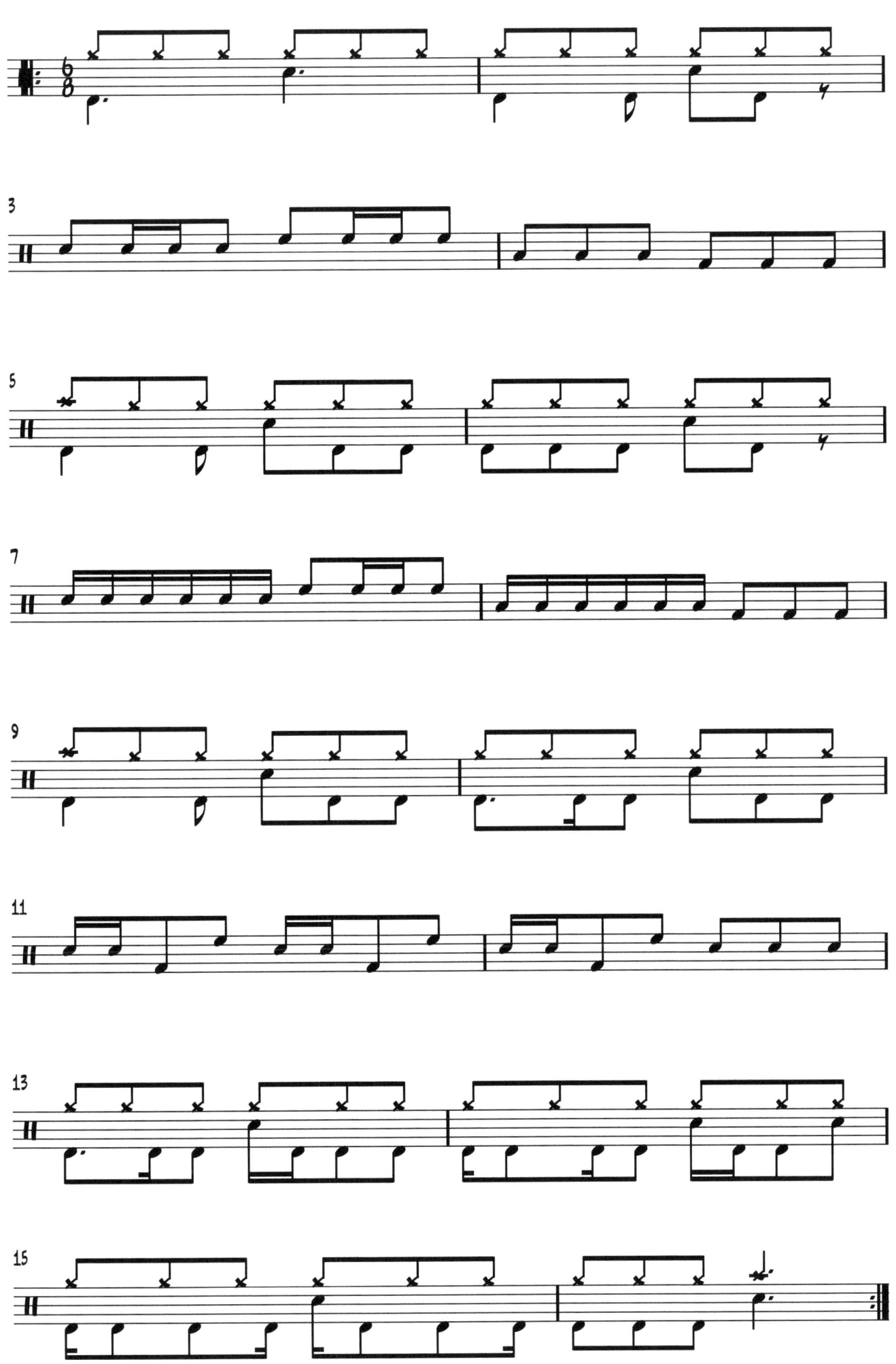

SOLO 26

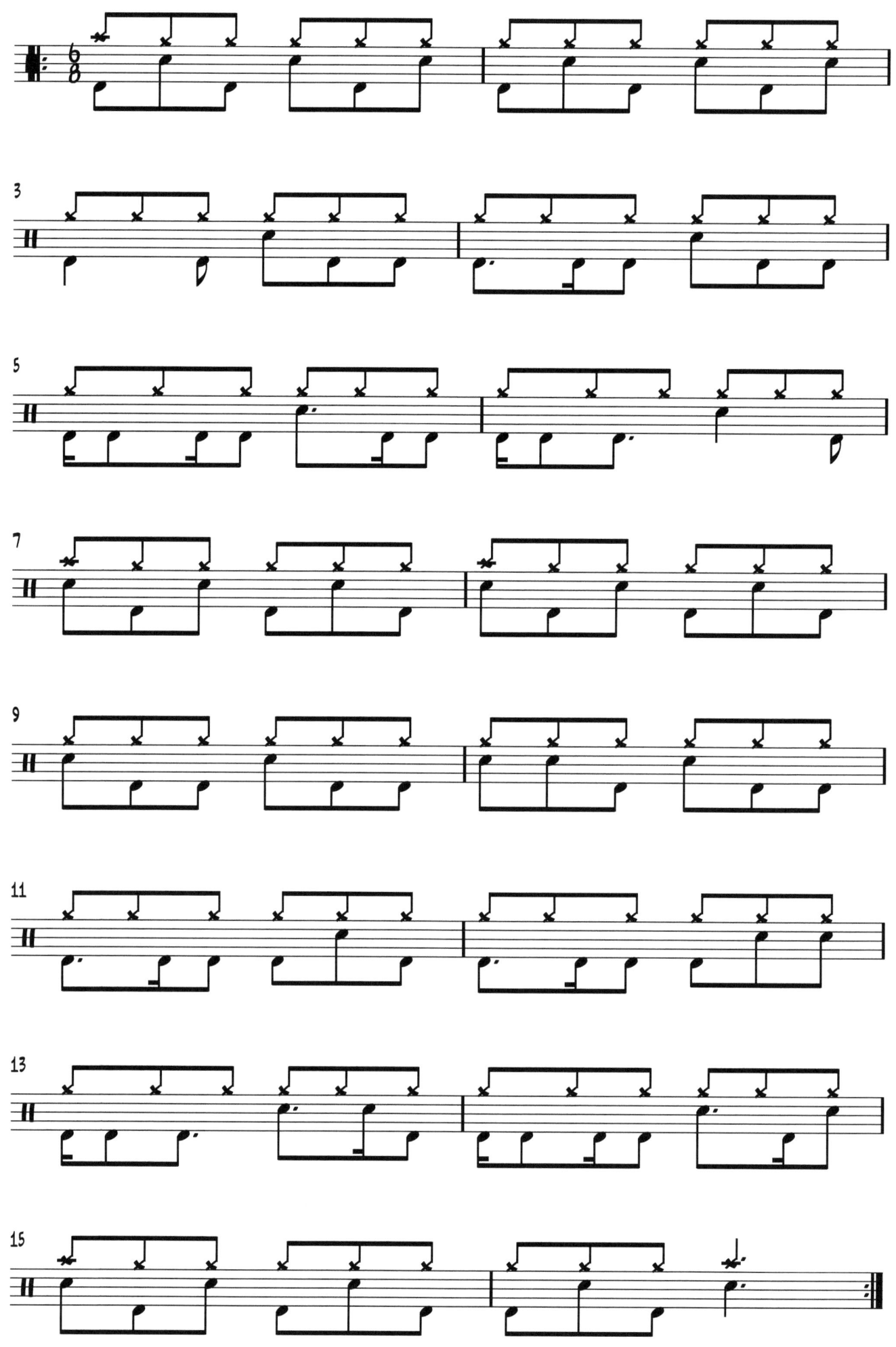

SOLO 27

SOLO 28

SOLO 29

SOLO 30

SOLO 31

SOLO 32

SOLO 33

SOLO 34

SOLO 35

SOLO 36

SOLO 37

SOLO 38

SOLO 39

SOLO 40

SOLO 41

SOLO 42

SOLO 43

SOLO 44

SOLO 45

SOLO 46

SOLO 47

SOLO 48

SOLO 49

SOLO 50

SOLO 51

SOLO 52

SOLO 53

SOLO 54

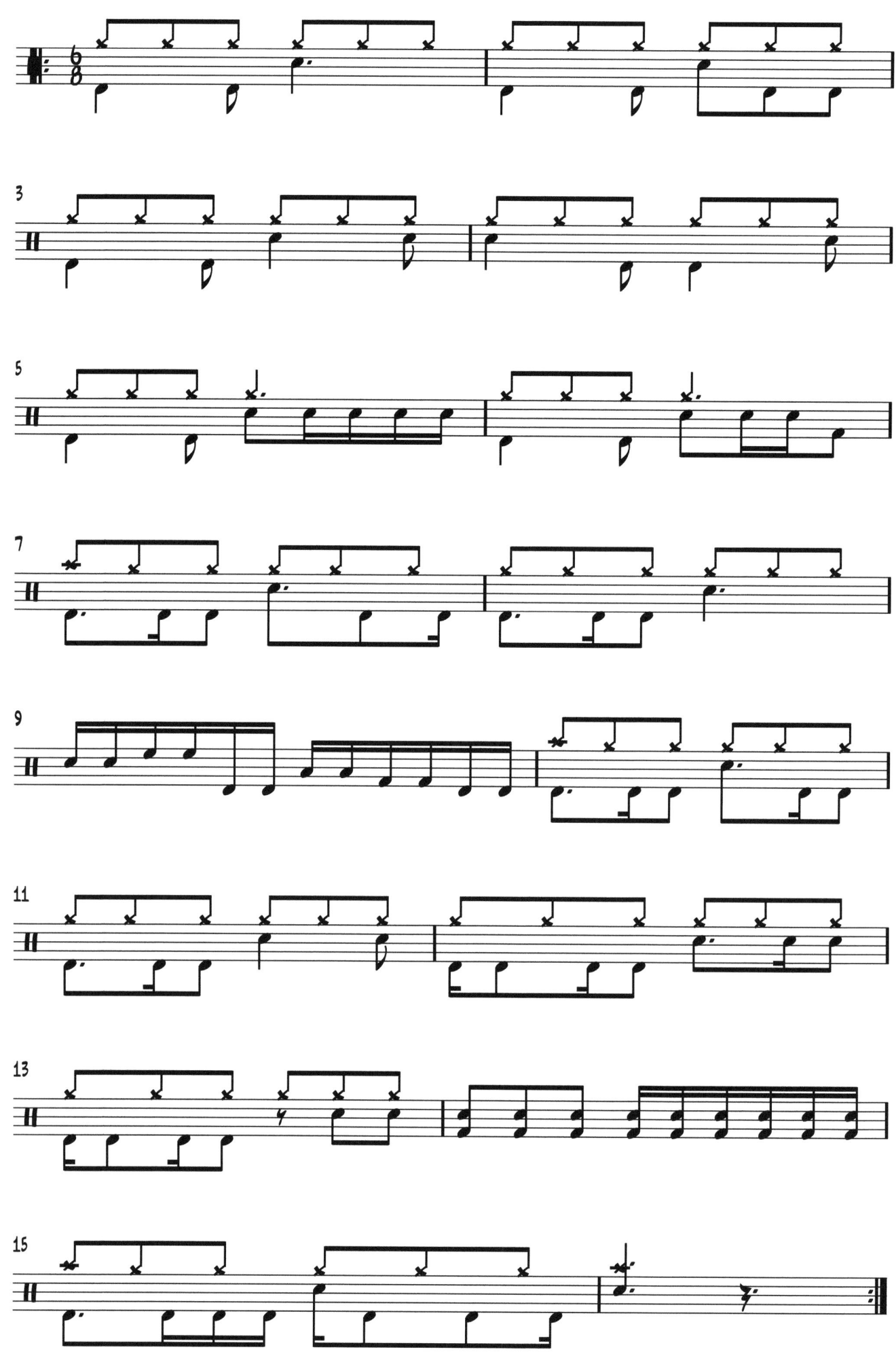

SOLO 55

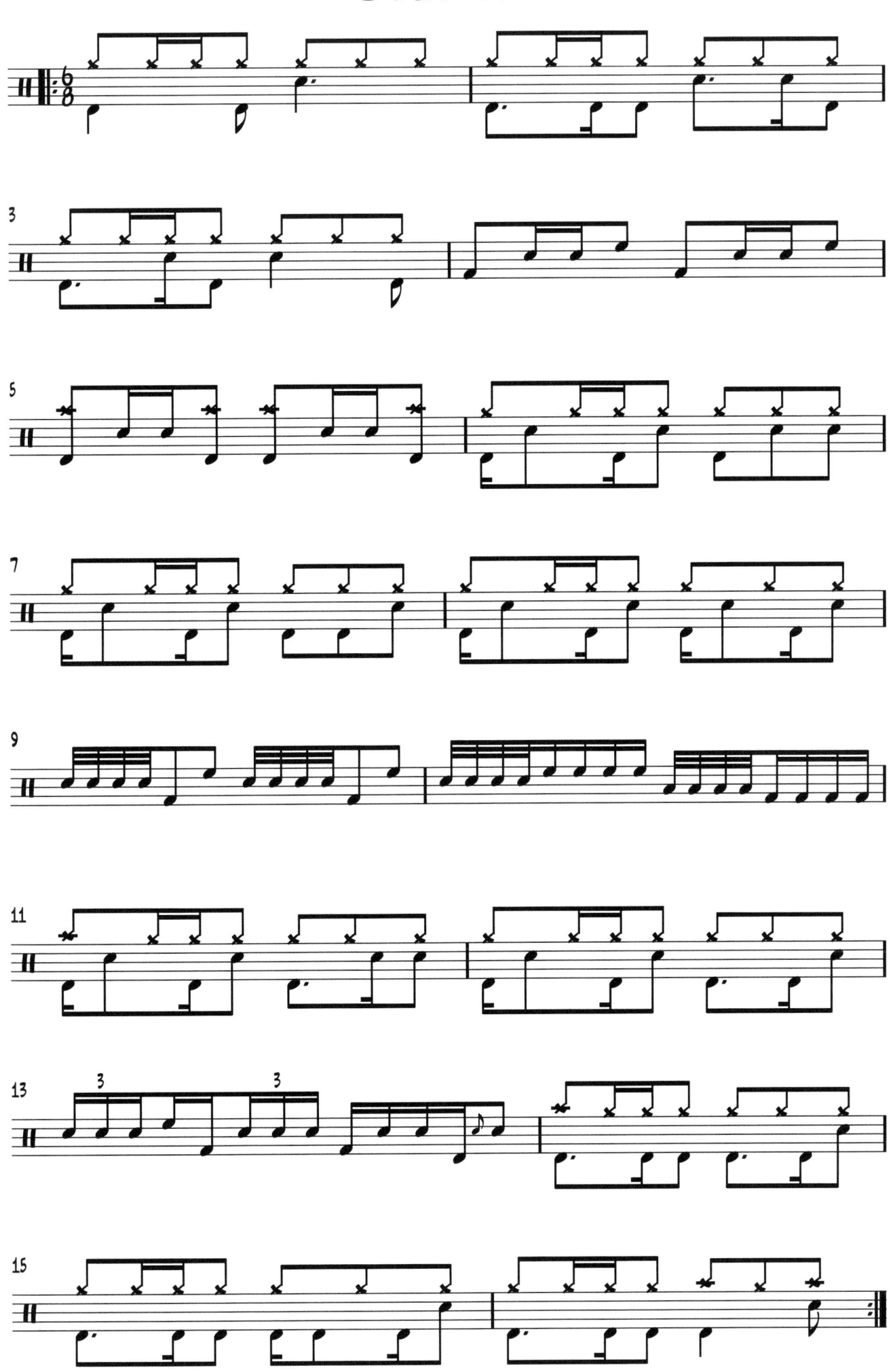

SOLO 56